Ex.Libris

BIBLIO • PHILIA

ISBN 978-3-8157-9902-4

Textsammlung: Kai König
Typografie und grafische Gestaltung:
Albert Bartel, echtwert.de, Münster

Printed in China

www.coppenrath.de

Glück

Muss man haben!

COPPENRATH

Das größte Glück auf dieser Welt
ist nicht ein Konto mit viel Geld.
Das größte Glück, ich will's dir nennen,
ist, einen Menschen wie dich zu kennen.

Poesiealbumspruch

Das Glück soll für dich
immer greifbar sein,
gute Freunde sollen immer
in deiner Nähe sein,
dir soll jeder Tag, der kommt,
eine besondere Freude bringen,
die dein Leben heller macht.

Altirischer Segenswunsch

Glücksrezept Nr. 1:

Wenn du lachst,

kommt die gute
Laune von selbst!

Fröhlich sein,
Gutes tun -
und die Spatzen
pfeifen lassen!

Don Bosco

Sicherlich ist kein Tag
mehr vergeudet als einer,
an dem man überhaupt
nicht gelacht hat.

Nicolas Chamfort

Wer den Tag mit einem Lachen beginnt, hat ihn bereits gewonnen.

Aus Tschechien

Das Lachen
ist ein wetterleuchtendes Aufblitzen der Seelenfreude, ein Aufzucken des Lichtes nach draußen, so wie es innen strahlt.

Dante Alighieri

Freude ist unsäglich mehr als Glück,
Glück bricht über die Menschen herein,
Glück ist Schicksal –
Freude bringen sie in sich zum Blühen,
Freude ist einfach eine gute Jahreszeit
über dem Herzen;
Freude ist das Äußerste, was die
Menschen in ihrer Macht haben.

Rainer Maria Rilke

So muss man leben!

Die kleinen Freuden aufpicken,
bis das große Glück kommt.
Und wenn es nicht kommt,
dann hat man wenigstens
die „kleinen Glücke“ gehabt.

Theodor Fontane

Einen glücklichen Menschen
zu finden ist besser als eine
Fünfpfundnote. Er ist der Inbegriff
strahlender Freundlichkeit,
und wenn er den Raum betritt,
so scheint es, als wäre noch ein Licht
angezündet worden.

Robert Louis Stevenson

Ich liebe das Leben –
und freue mich über jeden neuen Tag
und jede neue Aufgabe.
Vielleicht legt man damit schon
das Fundament des Erfolgs.

Boris Becker

Um guter Laune
zu werden, muss man
sich vergnügt
aufrichten, vergnügt
um sich schauen
und sich so verhalten,
als wäre die gute
Laune bereits da.

William James

Erfolg im Leben zu haben bedeutet:
viel zu lachen, die Liebe von Kindern
zu gewinnen, die Welt zu einem
klein wenig besseren Ort zu machen,
als sie es war, bevor wir in sie
hineingeboren wurden, zu wissen,
dass ein Leben leichter atmet,
seit du lebst, das ist Erfolg!

Ralph Waldo Emerson

Glücksrezept Nr. 2:

Sei nicht so

wie die anderen,
gib deinem Leben
mehr Farbe!

Das Leben
ist eine Reise.
Nimm nicht
zu viel
Gepäck mit.

Billy Idol

Die Dinge im Leben entwickeln sich erstens ein wenig zufällig, zweitens ein wenig, weil man möchte, dass sie sich so entwickeln, und dann steckt da noch drittens ein bisschen Schicksal dahinter.

Carlo de Benedetti

Glück ist das lichterlohe
Bewusstsein:
Diesen Augenblick wirst
du niemals vergessen.
Man gleicht einem Film,
der belichtet wird,
entwickeln wird es die
Erinnerung.

Max Frisch

Mit dem Leben ist es wie
mit einem Theaterstück:
Es kommt nicht
darauf an, wie lang es ist,
sondern wie bunt.

Lucius Annaeus Seneca

Das Glück
besteht darin,
zu leben wie
alle Welt und
doch wie kein
anderer zu sein.

Simone de Beauvoir

Die höchste Form
des Glücks ist ein Leben
mit einem gewissen
Grad an Verrücktheit.

Erasmus von Rotterdam

Es geschieht zu
jeder Zeit etwas
Unerwartetes;
unter anderem
ist auch deshalb
das Leben
so interessant.

Marie von Ebner-Eschenbach

Das Leben ist wundervoll.
Es gibt Augenblicke, da möchte man sterben. Aber dann geschieht etwas Neues und man glaubt, man sei im Himmel.

Édith Piaf

Betrachte immer die helle Seite der Dinge! Und wenn sie keine haben, dann reibe die dunkle, bis sie glänzt.

Sprichwort

Glück
ist keine Sache für sich –
es ist lediglich ein Gegensatz
zu dem, was unerfreulich ist.
Das ist der ganze Trick.

Mark Twain

Glücksrezept Nr. 3:

Freu dich im Jetzt –

das Gestern
ist vergangen,
und die Zukunft
ist noch fern!

Denn das Gestern ist nichts
als ein Traum und das Morgen
nur eine Vision.
Das Heute jedoch, recht gelebt,
macht jedes Gestern
zu einem Traum voller Glück
und jedes Morgen zu einer Vision
voller Hoffnung.

Darum achte gut auf diesen Tag!

Dschalaluddin Rumi

Versuchungen sollte
man nachgeben.
Wer weiß,
ob sie wiederkommen.

Oscar Wilde

Sei **andante** in Genüssen
und **allegro** in Entschlüssen;
wer **piano** das Vergnügen liebt,
der spielt in reinster Harmonie
des Lebens schönste Melodie.

Anonym

Der höchste Genuss besteht in der Zufriedenheit mit sich selbst.

Jean-Jacques Rousseau

Die wesentliche Voraussetzung
für Glück ist die Bereitschaft,
der zu sein, der man ist.

Erasmus von Rotterdam

Willst du immer weiterschweifen?
Sieh, das Gute liegt so nah.
Lerne nur das Glück ergreifen,
denn das Glück ist immer da.

Johann Wolfgang von Goethe

Glücksrezept Nr. 4:

Lass dir
von deinen Problemen

nicht den schönen
Ausblick verstellen!

Wende dein Gesicht
immer der Sonne zu,
dann fallen die
Schatten hinter dich.

Aus Schottland

Vertraue
auf dein Glück –
und du ziehst
es herbei.

Lucius Aenneus Seneca

Das Glück des
Augenblicks lässt
sich nur finden,
wenn wir genug
Zeit haben,
es zu suchen.

Ernst Ferstl

Nur der Dumme
sucht das Glück
in der Ferne.
Der Kluge lässt es
unter seinen
Füßen sprießen.

Aus China

Die Jagd nach dem Glück

„Was rennst du so", fragte ein Weiser den Eiligen, und der antwortete: „Ich renne dem Glück hinterher." Der Weise sprach: „Bist du denn noch nicht auf die Idee gekommen, einfach still zu stehen, damit das Glück dich überholen kann und du nur zu folgen brauchst?!"

Anonym

Glück sollte nicht
zu leicht und
nicht zu schwer
zu erringen sein.

Casanova

Mit dem Glück ist es wie mit der Brille: Man sucht sie und hat sie auf der Nase.

Aus den „Fliegenden Blättern“

Glück ist wie ein Schmetterling. Will man es einfangen, so entwischt es einem immer wieder. Doch wenn du geduldig abwartest, lässt es sich vielleicht von selbst auf deiner Hand nieder.

Nathaniel Hawthorne

Man darf niemals glauben,
am Ziel angekommen zu sein,
was will man denn sonst noch,
wenn man das Gefühl hat, alles
vom Leben erhalten zu haben –
das Leben hat doch überhaupt
keinen Sinn mehr, wenn man all
seine Träume verwirklicht hat.

Eros Ramazzotti

Glück

ist nicht eine Station,
wo man ankommt,
sondern eine Art zu reisen.

Margaret Lee Rumsbeck

Glücksrezept Nr. 5:

Nimm dir jeden
Tag ein paar
Minuten Zeit,

um zur Ruhe
zu kommen!

Mögest du Ruhe finden,
wenn der Tag sich neigt
und deine Gedanken noch
einmal die Orte aufsuchen,
an denen du heute Gutes
erfahren hast. Auf dass die
Erinnerung dich wärmt
und gute Träume deinen
Schlaf begleiten.

Altirischer Segenswunsch

Was vor uns liegt und
was hinter uns liegt,
sind Kleinigkeiten zu dem,
was in uns liegt.
Und wenn wir das,
was in uns liegt, nach
außen in die Welt tragen,
geschehen Wunder.

Henry David Thoreau

Wenn ein Wunder
in der Welt geschieht,
geschieht es durch
liebevolle, reine Herzen.

Johann Wolfgang von Goethe

Das Leben besteht aus zwei Teilen:
die Vergangenheit – ein Traum;
die Zukunft – ein Wunsch.

Aus Arabien

Das Glück liegt im Wünschen.

Herbert Spencer

Über das Glück

Ein Geschäftsmann kam zum Meister
und wollte von ihm wissen, was das
Geheimnis eines erfolgreichen Lebens sei.
Der Meister sagte: „Mach jeden Tag
einen Menschen glücklich."
Nach einer Weile fügte er hinzu:
„Selbst wenn dieser Mensch
du selbst bist."
Und noch ein wenig später sagte er:
„Vor allem, wenn dieser Mensch
du selbst bist."

Anonym

Glücksrezept Nr. 6:

Teile dein Glück

mit deinen Freunden
und freu dich mit ihnen!

Das wahre Glück
besteht nicht in dem,
was man empfängt,
sondern in dem,
was man gibt.

Johannes Chrysostomus

Ich möchte glücklich sein, um glücklich machen zu können. Kein Glück ohne Gast.

Christian Morgenstern

Unter allen Mitteln,
sein Glück zu machen,
ist das kürzeste und beste das:
die Leute klar erkennen zu lassen,
dass es in ihrem Interesse liegt,
euch Gutes zu erweisen.

Jean de la Bruyère

Mein Glücksrezept?
Viel reden, viel lachen,
viel lieben!

Kai Pflaume

Hier ist das Wunder, das allen
immer widerfährt, die wirklich lieben:
Je mehr sie geben, desto mehr
besitzen sie von der kostbaren
erhaltenden Liebe, die Blumen und
Kindern Stärke verleiht und die allen
Menschen helfen könnte, wenn sie
sie ohne Zweifel hinnähmen.

Rainer Maria Rilke

Glück
ist ein Wunderding.
Je mehr man gibt,
desto mehr hat man.

Anne Louise Germaine de Staël

Glücklich machen
ist das höchste Glück!
Aber auch dankbar
empfangen können
ist ein Glück.

Theodor Fontane

Menschen zu finden,
die mit uns fühlen
und empfinden,
ist wohl das schönste
Glück auf Erden.

Carl Spitteler

Willst du glücklich sein im Leben,
trage bei zu andrer Glück,
denn die Freude, die wir geben,
kehrt ins eigne Herz zurück.

Marie Calm

Glücksrezept Nr. 7:

Genieße

die kleinen Freuden
des Lebens!

Kleine Wassertropfen, kleine Sandkörnchen bilden den mächtigen Ozean und das schöne Land.

Die kleinen Minuten, so bescheiden sie auch erscheinen, ergeben die mächtigen Zeitalter der Ewigkeit.

Kleine freundliche Taten, kleine Worte der Liebe machen aus unserer Erde ein Paradies, dem Himmel gleich.

Julia A. Fletcher Carney

Jeder, der
sich die Fähigkeit
erhält, Schönes
zu erkennen, wird
nie alt werden.

Franz Kafka

Mögest du immer einen Blick für das Sonnenlicht haben, das sich in deinen Fenstern spiegelt, und nicht für den Staub, der auf den Scheiben liegt.

Altirischer Segenswunsch

Glück ist wie eine Insel,
weit draußen im Ozean, die keiner je auf einer Karte verzeichnet hat und von denen Seeleute erzählen, dass sie aus dem Dunst auftauchen. Die Insel bleibt wieder verschwunden, oft jahrzehntelang, aber kein Schiffer kann je ganz sicher sein, ob sie nur in der Fantasie eines längst dahingegangenen Mannes im Ausguck existierte.

Graham Greene

Ich liebe die Welt, die Sonne,
die Erde, die Blumen,
die Vergnügungen,
die Jugend, die Schönheit;
ich habe Durst nach Glück!

Malvida von Meysenburg

Überall ist Wunderland. Überall ist Leben!

Joachim Ringelnatz

Glaube an Liebe,
Wunder und Glück,
schau immer nach vorn
und niemals zurück.
Tu, was du willst,
und stehe dazu,
denn dieses Leben,
das lebst nur du!

Poesiealbumspruch

Lebe jeden Tag so, als ob du dein ganzes Leben lang nur für diesen einzigen Tag gelebt hättest.

Wassilij W. Rosanow

Glücksrezept Nr. 8:

Sei bei allem, was du tust,

mit ganzem Herzen dabei!

Tätigkeit bringt vielleicht
nicht immer Glück;
aber es gibt auch kein Glück
ohne Tätigkeit.

Benjamin Disraeli

Glück
liegt nicht darin,
dass man tut,
was man mag,
sondern
dass man mag,
was man tut.

James Matthew Barrie

Alles Schöne, alles Gute,
alles Glück auf dieser Welt;
bleib gesund und bleibe fröhlich,
tue das, was dir gefällt!

Poesiealbumspruch

Wo das Glück wohnt

Eine Prinzessin ging einst zu ihrem weisen, alten Lehrer und fragte ihn: „Wohnt das Glück der Menschen dort oben auf den leuchtenden Sternen, ehrwürdiger Lehrer?“ „Nein, mein Kind“, antwortete der Lehrer, „das Glück wohnt in unseren Herzen. Aber da verirrt sich selten jemand hin.“

Aus China

Das Glück ist eine Sache,
die man fühlt und erlebt,
es lässt sich nicht definieren
und durch Vernunft erklären.

Miguel de Unamuno y Yugo

Das Glück
erkennt man nicht
mit dem Kopf,
sondern mit dem
Herzen.

Aus Norwegen

Glücksrezept Nr. 9:

Versuch nicht,

dein Glück auf
Teufel komm raus
zu finden – warte,
bis es dich findet!

Glück entsteht oft durch Aufmerksamkeit in kleinen Dingen, Unglück oft durch Vernachlässigung kleiner Dinge.

Wilhelm Busch

Das Fenster öffnen und eine
Biene aus dem Zimmer lassen –
ist das vielleicht nicht Glück?

Aus China

Das Glück

kann man nicht zwingen,
aber man kann es wenigstens
einladen.

Attila Hörbiger

Das Glück

ist keine leichte Sache.
Es ist sehr schwer,
es in uns selbst,
und unmöglich,
es anderswo zu finden.

Nicolas Chamfort

Es huscht das Glück von Tür zu Tür,
klopft zaghaft an: – Wer öffnet mir?

Der Frohe lärmt im frohen Kreis
und hört nicht, wie es klopft so leis.

Der Trübe seufzt: Ich lass nicht ein,
nur neue Trübsal wird es sein.

Der Reiche wähnt, es pocht die Not,
der Kranke bangt, es sei der Tod.

Schon will das Glück enteilen sacht;
denn nirgends wird ihm aufgemacht.

Der Dümmste öffnet just die Tür –
da lacht das Glück: Ich bleib bei dir!

Richard Zoozmann

Glück ist wie Blütenduft,
der dir vorüberfliegt...
Du ahnest dunkel Ungeheures,
dem keine Worte dienen –
schließest die Augen,
wirfst das Haupt zurück – –
und, ach!
vorüber ist's.

Christian Morgenstern

*Glück ist ein flüchtiges Gut,
das man im Augenblick erfährt,
kein Zustand für die Ewigkeit.*

Armin Mueller-Stahl

Glücksrezept Nr. 10:

Genieße dein Glück,

dann hast du länger
etwas davon!

Das Glück fällt dem zu, der es am wenigsten erwartet.

Frederico Garcia Lorca

Geh und wecke dein Glück!

Aus Persien

Glück ist gar nicht mal so selten,
Glück wird überall beschert.
Vieles kann als **Glück** uns gelten,
was das Leben uns so lehrt.

Glück ist jeder neue Morgen,
Glück ist bunte Blumenpracht,
Glück sind Tage ohne Sorgen,
Glück ist, wenn man fröhlich lacht.

Clemens Brentano

Das Glück unseres Lebens setzt sich aus winzigen Kleinigkeiten zusammen – den kleinen, bald vergessenen Wohltaten eines Kusses oder Lächelns, eines freundlichen Blicks, eines von Herzen kommenden Kompliments –, zahllosen, unendlich kleinen Dosen angenehmer und belebender Freuden.

Samuel Taylor Coleridge

Mit dem Glück
verhält es sich
wie mit den Uhren:
Die einfachsten
gehen am besten.

Nicolas Chamfort

Frage nicht, was das Geschick
morgen will beschließen,
unser ist der Augenblick,
lass uns den genießen!

Friedrich Rückert

Was ich dir wünsche:

Glück!

Aus China

Möge das Glück

immer greifbar sein für dich,
mögen gute Freunde immer
in deiner Nähe sein, möge dir
jeder Tag, der kommt, eine
besondere Freude bringen,
die dein Leben heller macht.

Altirischer Segenswunsch

Es gibt keinen
Weg zum Glück.
Glücklichsein
ist der Weg.

Siddhartha Gautama Buddha

Glück hängt nicht
davon ab, wer du bist
oder was du hast;
es hängt nur davon ab,
was du denkst.

Dale Carnegie

Glück kommt nie zu spät.

Michael Drayton

Glaube
an dein Glück,
so wirst du
es erlangen.

'Ali ibn Abi-Talib

BIBLIO·PHILIA

In der gleichen Reihe erschienen:

Liebe – Poesie der Sinne
ISBN 3-8157-2623-9
Lebenskunst – Quelle des Glücks
ISBN 3-8157-2624-7
Dankeschön – Von ganzem Herzen
ISBN 3-8157-2625-5
Engel – Boten der Liebe
ISBN 3-8157-2626-3
Großmutter – Herz der Familie
ISBN 3-8157-2627-1
Weisheiten – Von Frau zu Frau
ISBN 3-8157-2628-X
Vater – Einfach der Beste
ISBN 3-8157-2756-1
Mutter – Einfach die Beste
ISBN 3-8157-2757-X

Schiller, Friedrich von
(1759–1805), deutscher Dichter

Schopenhauer, Arthur
(1788–1860), deutscher Philosoph

Schweitzer, Albert
(1875–1965), deutscher Theologe und Arzt

Seneca, Lucius Annaeus
(4 v. Chr.–65 n. Chr.), römischer Dichter und Philosoph

Sokrates
(470–399 v. Chr.), griechischer Philosoph

Spencer, Herbert
(1820–1903), britischer Philosoph

Strindberg, August
(1849–1912), schwedischer Schriftsteller

Tolstoi, Leo N.
(1828–1910), russischer Dichter und Philosoph

Vogelweide, Walther von der
(1170–1230), deutscher Dichter

Voltaire
(1694–1778), französischer Schriftsteller und Philosoph

Weber, Karl Julius
(1767–1832), deutscher Schriftsteller

Wilde, Oscar
(1854–1900), irischer Schriftsteller

Malraux, André
(1901–1976), französischer Schriftsteller und Politiker

Marc Aurel
(121–180), römischer Kaiser

McCullogh, David
(*1933), US-amerikanischer Schriftsteller

Michelangelo Buonarroti (1475–1564),
italienischer Bildhauer, Maler, Baumeister und Dichter

Montaigne, Michel Eyquem de
(1533–1592), französischer Schriftsteller und Philosoph

Orwell, George
(1903–1950), englischer Schriftsteller

Pagnol, Marcel
(1895–1974), französischer Schriftsteller und Regisseur

Phokylides
(um 550 v. Chr.), griechischer Dichter

Platon
(um 427–348 v. Chr.), griechischer Philosoph

Plutarch
(um 46–125), griechischer Schriftsteller und Philosoph

Reichert, Willy
(1896–1973), deutscher Schauspieler

Renard, Jules
(1864–1910), französischer Schriftsteller

Rousseau, Jean-Jacques (1712–1778),
französisch-schweizerischer Philosoph und Schriftsteller

Kokoschka, Oskar
(1886–1980), österreichischer Maler, Grafiker und Dichter

Konfuzius
(551–479 v. Chr.), chinesischer Philosoph

Lagarde, Paul Anton de
(1827–1891), deutscher Kulturphilosoph

Lambsdorff, Otto Graf
(*1926), deutscher Politiker

Larsson, Carl
(1853–1919), schwedischer Karikaturist und Maler

Leibniz, Gottfried Wilhelm
(1646–1716), deutscher Mathematiker und Philosoph

Lenin, Wladimir Iljitsch
(1870–1924), russisch-sowjetischer Politiker

Leonardo da Vinci (1452–1519),
italienischer Maler, Bildhauer, Architekt und Ingenieur

Lichtenberg, Georg Christoph
(1742–1799), deutscher Schriftsteller und Physiker

Lindgren, Astrid
(1907–2002), schwedische Kinderbuchautorin

Locke, John
(1632–1704), englischer Philosoph

Lorenz, Konrad
(1903–1989), österreichischer Verhaltensforscher

Luxemburg, Rosa
(1870–1919), polnisch-deutsche Politikerin

Gött, Emil
(1864–1908), deutscher Schriftsteller

Hähnel, Ernst
(1811–1891), deutscher Bildhauer

Hakuin Ekaku
(1686–1769), japanischer Zen-Meister

Hauptmann, Gerhart
(1862–1946), deutscher Schriftsteller

Hebbel, Friedrich
(1813–1863), deutscher Dichter

Heraklit
(um 550–480 v. Chr.), griechischer Philosoph

Hildebrandt, Dieter
(*1927), deutscher Kabarettist und Schauspieler

Hille, Peter
(1854–1904), deutscher Schriftsteller

Hilty, Carl
(1833–1909), schweizerischer Jurist und Philosoph

Humboldt, Wilhelm von
(1767–1835), deutscher Philosoph und Staatsmann

Jean Paul
(1763–1825), deutscher Dichter

Kästner, Erich
(1899–1974), deutscher Schriftsteller

Kohl, Helmut
(*1930), deutscher Politiker

Casals, Pablo
(1876–1973), spanischer Violinist

Christine von Schweden
(1626–1689), Königin von Schweden

Cocteau, Jean (1889–1963),
französischer Schriftsteller, Maler und Regisseur

Comenius, Johann Amos
(1592–1670), tschechischer Theologe und Pädagoge

Dalí, Salvador
(1904–1989), spanischer Maler, Bildhauer und Grafiker

Einstein, Albert
(1879–1955), deutscher Physiker

Emerson, Ralph Waldo
(1803–1882), US-amerikanischer Dichter und Philosoph

Fichte, Johann Gottlieb
(1762–1814), deutscher Philosoph

Fontane, Theodor
(1819–1898), deutscher Schriftsteller

Ford, Henry
(1863–1947), US-amerikanischer Industrieller

Friedrich der Große
(1712–1786), König von Preußen

Galilei, Galileo (1564–1642)
italienischer Mathematiker, Philosoph und Physiker

Goethe, Johann Wolfgang von
(1749–1832), deutscher Dichter

Verzeichnis der Autoren

Adenauer, Konrad
(1876–1967), deutscher Politiker

Aristophanes
(um 445–385 v. Chr.), griechischer Komödiendichter

Aristoteles
(384–322 v. Chr.), griechischer Philosoph

Barlach, Ernst
(1870–1938), deutscher Bildhauer, Grafiker und Schriftstelle-

Baudelaire, Charles
(1821–1867), französischer Dichter

Brecht, Bertolt
(1898–1956), deutscher Schriftsteller und Regisseur

Brod, Max
(1884–1968), österreichisch-israelischer Schriftsteller

Buddha, Gautama Siddharta
(560–480 v. Chr.), indischer Weiser, Stifter des Buddhismus

Busch, Wilhelm
(1832–1908), deutscher Dichter, Zeichner und Maler

Capote, Truman
(1924–1984), US-amerikanischer Schriftsteller

Den wackern Lehrer
kränze stets der reichste Lohn.

Aristophanes

Außergewöhnliche Menschen
haben eine Mission.

Außergewöhnliche Menschen
gehen nicht ganz einfach zur Arbeit.
Sie haben eine Mission.

Anonym

Arbeit ist des Bürgers Zierde,
Segen ist der Mühe Preis.

Friedrich von Schiller

Die Arbeit hält drei große Übel fern:

die Langeweile,
das Laster
und die Not.

Voltaire

Das Arbeiten
ist meinem Gefühl nach
dem Menschen so gut ein Bedürfnis
als Essen und Schlafen.

Wilhelm von Humboldt

Arbeit

Arbeit ist an sich keine Tugend, aber sie ist eine unvermeidbare Bedingung eines tugendhaften Lebens.

Leo N. Tolstoi

Der schönste Erfolg ist,
seinen Lebensunterhalt
mit einer Arbeit zu verdienen,
die Spaß macht.

David McCullogh

Könnte man doch respektiert werden, ohne gleich Respekts-person zu sein!

Anonym

Wenn die jungen Leute wüssten,
wie wir vor der älteren Generation
haben auf Zack sein müssen
um überhaupt so alt zu werden,
hätten sie mehr Respekt vor uns.

Anonym

Die Kinder von heute
sind Tyrannen.
Sie widersprechen
ihren Eltern, kleckern
mit dem Essen und
ärgern ihre Lehrer.

Sokrates

EDUCATION

Die junge Generation
hat auch heute noch
Respekt vor dem Alter;
allerdings nur noch
beim Wein, beim Whisky
und bei Möbeln.

Truman Capote

Es gehört zu den großen
Modetorheiten unserer Tage,
nahezu alles, was unangenehm ist,
auf die Schule und auf die
Lehrerschaft abzuschieben.

Helmut Kohl

Glauben Sie, mein Vater wäre achtzig Jahre alt geworden, wenn ich nicht meine Zeugnisse selber unterschrieben hätte?

Willy Reichert

Es ist das Vorrecht der
Jugend, Fehler zu begehen,
denn sie hat genug Zeit,
sie zu korrigieren.

Ernst Barlach

Das Dumme
an der heutigen Jugend
ist, dass man selbst
nicht mehr dazugehört.

Salvador Dalí

Die Jugend weiß,
was sie nicht will,
bevor sie sich
darüber im Klaren ist,
was sie will.

Jean Cocteau

An der Erziehung der Jugend
hängen Wohlfahrt und Ehre
eines ganzen Reiches.

Christine von Schweden

Denn man hört nie auf
erziehungsfähig zu sein;
ich gehe noch jetzt
in die Schule und lerne
von Leuten, die meine
Enkel sein könnten.

Theodor Fontane

Die moderne Erziehung macht die Verständigung mit der Jugend immer schwieriger.
Nicht genug damit, dass man ihre Fragen nicht mehr beantworten kann – man weiß oft nicht einmal, wovon die Rede ist.

Anonym

Bildung kommt von Bildschirm
und nicht von Buch,
sonst hieße es ja Buchung.

Dieter Hildebrandt

Ein 18-Jähriger hat bereits
rund 13.000 Stunden
vor dem Fernseher verbracht,
aber nur 12.000 Stunden
in der Schule!

Anonym

Bildung ist die Fähigkeit,
Wesentliches von Unwesentlichem
zu unterscheiden
und jedes ernst zu nehmen.

Paul Anton de Lagarde

Die Bildung kommt
nicht vom Lesen,
sondern vom Nachdenken
über das Gelesene.

Carl Hilty

LEARNING.

Schlage nie in Büchern nach, wenn du etwas vergessen hast, sondern bemühe dich, es dir ins Gedächtnis zu rufen.

Leo N. Tolstoi

Jeder, der aufhört zu lernen, ist alt,
mag er zwanzig oder achtzig Jahre zählen.
Jeder, der weiterlernt, ist jung,
mag er zwanzig oder achtzig Jahre zählen.

Henry Ford

Ein Mensch,
der seine Arbeit liebt,
wird niemals alt.

Pablo Casals

Arbeit, Arbeit!

Wie glücklich fühle ich mich,
wenn ich arbeite!

Leo N. Tolstoi

Bei genauem Hinsehen zeigt sich,
dass Arbeit weit weniger
geisttötend ist als Amüsement.

Charles Baudelaire

Sechs Stunden sind genug
für die Arbeit.
Die anderen Stunden sagen
zum Menschen: Lebe!

Voltaire

Jeder Lehrer muss lernen
mit dem Lehren aufzuhören,
wenn es Zeit ist.
Das ist eine schwere Kunst.

Bertolt Brecht

Der deutsche Bundestag
ist mal voller und mal leerer,
aber immer voller Lehrer.

Otto Graf Lambsdorff

Der ist

der beste Lehrer,

der sich nach und nach

überflüssig macht.

George Orwell

Aus der Schulzeit sind mir nur die

Bildungslücken

in Erinnerung geblieben.

Oskar Kokoschka

Eingewecktsein

Während meines 9-jährigen Eingeweckt-
seins an einem Augsburger Realgymnasium
gelang es mir nicht, meine Lehrer wesent-
lich zu fördern.

Bertolt Brecht

IOH. KEPPLERI
MATHEMATICI
OLIM IMPERATORII
SOMNIVM,
Seu
OPVS POSTHVMVM
DE ASTRONOMIA
LVNARI.
Divulgatum
à
M. LUDOVICO KEPPLERO FILIO,
Medicinæ Candidato.
Impressum partim Sagani Silesiorum, absolutum Fran
cofurti sumptibus hæredum
authoris.
ANNO M DC XXXIV.

*Was wäre ich denn,
wenn ich nicht immer
mit klugen Leuten
umgegangen wäre und
von ihnen gelernt hätte?*

Johann Wolfgang von Goethe

Der Schüler soll nicht nur über die Worte, sondern vor allem über den Sinn und den Inhalt dessen, was er gelernt hat, Auskunft geben können.

Michel Eyquem de Montaigne

Aufgabe der
Lehrer ist es,
für alles
Einzelne
die Ursachen
anzugeben.

Aristoteles

Man widerlegt lieber
den, der zu schwer
als der zu leicht
zu widerlegen ist.

Jean Paul

Ich habe
meinen Schülern beigebracht,
dass sie mir kein Wort
glauben dürfen, sondern alles
selbst nachprüfen müssen.

Konrad Lorenz

Die Lehre ist ewig
wie die Welt.

Friedrich von Schiller

Keiner zeigt uns unsere Fehler
so deutlich wie ein Schüler.

Jules Renard

Der Kluge lernt
nach dem ersten Fehler,
der Dumme nach
dem x-ten Fehler,
der Weise lernt nie aus.

Chinesisches Sprichwort

Am besten ist die Erziehung, die man nicht merkt.

André Malraux

Man darf die Erziehung nicht gering schätzen, da sie unter den größten Gütern, welche den besten Menschen zuteil werden, den ersten Rang einnimmt.

Platon

Lernen,
lernen,
nochmals lernen …

Wladimir Iljitsch Lenin

und

Im Leben lernt der Mensch zuerst
gehen und sprechen.
Später lernt er dann stillzusitzen
und den Mund zu halten.

Marcel Pagnol

Mund halten

Bildung

jeder Art hat doppelten Wert, einmal als Wissen, dann als Charaktererziehung.

Herbert Spencer

Nimmer wird's gelingen,
Zucht mit Ruten zu erzwingen:
Wer zu Ehren kommen mag,
dem gilt Wort so viel als Schlag.

Walther von der Vogelweide

Man kann in ein Kind
nichts hineinprügeln, aber
vieles herausstreicheln.

Astrid Lindgren

Eine Begründung wiegt
zehn Drohungen,
sechs Ermahnungen und
zwei Überredungsversuche auf.

Anonym

Man darf ferner, wie ich behaupte, die Kinder nicht durch Schläge und Misshandlungen zu gutem Betragen anhalten, sondern nur durch Ermahnungen und vernünftiges Zureden.

Plutarch

Sei nicht ungeduldig,
wenn man deine Argumente
nicht gelten lässt.

Johann Wolfgang von Goethe

Es ist ein Beweis hoher Bildung,
die größten Dinge
auf die einfachste Art zu sagen.

Ralph Waldo Emerson

Beim Lehren lernt man.

Lucius Annaeus Seneca

trottet wie ein Ochse durchs Leben;

Gautama Siddharta Buddha

Der Mensch soll lernen.
Nur die Ochsen büffeln.

Erich Kästner

Ein Mensch, der wenig lernt,
an Fleisch nimmt er zu, an Geist nicht

Ich bin immer bereit zu lernen,
aber nicht immer, mich belehren zu lassen.

Oscar Wilde

Etwas lernen

und mit der Zeit darin immer geübter
werden, ist das nicht auch eine Freude?

Konfuzius

Ich lerne immer!

Michelangelo Buonarroti

Ich hab viel studiert
und nichts gelernt.

Albert Einstein

Die Kunst des Lernens:

Je schneller man liest,
desto weniger versteht man.
Je weniger man versteht,
desto weniger behält man.
Je weniger man behält,
desto weniger vergisst man.
Je weniger man vergisst,
desto mehr weiß man.

Anonym

Auch eine Fülle von Büchern ersetzt den Lehrer nicht.

Chinesisches Sprichwort

Wenn man alles gelesen
und alles wieder vergessen hat,
was dann übrigbleibt, das ist
Bildung.

Carl Larsson

Niemand kann mich
daran hindern, dass
ich heute klüger bin
als gestern.

Konrad Adenauer

Man sollte sich nicht schlafen legen,
ohne sagen zu können, dass man
an diesem Tag etwas gelernt hat.

Georg Christoph Lichtenberg

Siebzig Jahre
lernt der Mensch und
stirbt unwissend.

Jüdische Spruchweisheit

Bildung ist etwas Wunderbares.
Doch sollte man sich von Zeit zu Zeit daran erinnern, dass wirklich Wissenswertes nicht gelehrt werden kann.

Oscar Wilde

Dem, was ich geschaut,
gehört,
gelernt habe,
gebe ich den Vorrang.

Heraklit

*Alle Belehrung
geht vom Herzen aus,
alle Bildung vom
Leben.*

Friedrich Hebbel

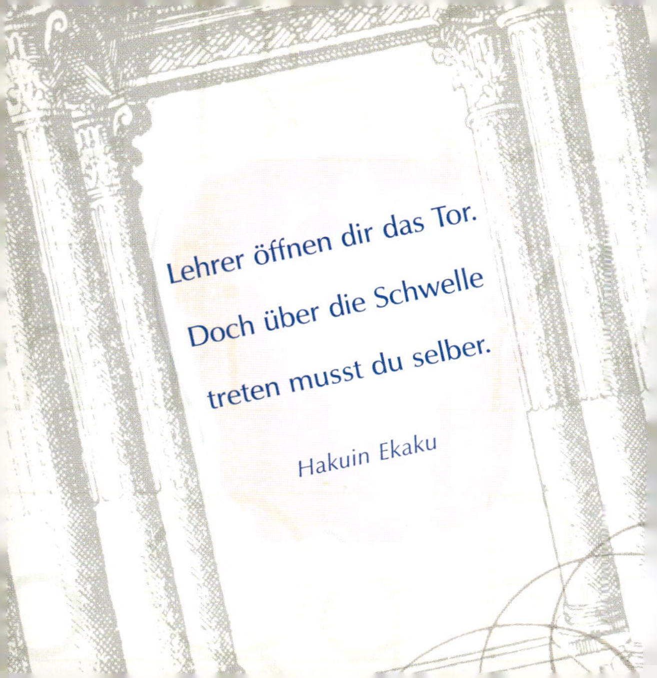

Lehrer öffnen dir das Tor.
Doch über die Schwelle
treten musst du selber.

Hakuin Ekaku

kurz

Man lernt nur dann und wann etwas,
aber man vergisst den ganzen Tag.

Arthur Schopenhauer

Unser Leben ist so

Unser Leben ist so kurz
und wir haben meistenteils
ein so kurzes Gedächtnis,
dass wir uns nur über das
Auserlesenste unterrichten
sollten.

Friedrich der Große

Durch Erziehung
wird der Mensch erst
wahrhaftig Mensch.

Platon

Erziehung

Wahrheit

Von der Wahrheit zur Klarheit,
das ist Naturveranlagung.
Von der Klarheit zur Wahrheit,
das ist Erziehung.

Phokylides

Klarheit

Man kann niemanden
etwas lehren, man kann
ihm nur helfen, es in
sich selbst zu finden.
Galileo Galilei

WISDOM
the man that findeth wisdom, and
understanding. For the
of silver, and the
than rubies: and

Wir behalten von unseren Studien am Ende doch nur das, was wir praktisch anwenden.

Johann Wolfgang von Goethe

Nur in einer einzigen
Wissenschaft
muss man die Kinder
unterweisen,
in der Wissenschaft
von den Pflichten des
Menschen.

Jean-Jacques Rousseau

Das Küken kräht,
wie der Hahn es ihm beibringt.

Sprichwort aus Frankreich

Wir lehren nicht bloß durch Worte;
wir lehren auch weit eindringlicher
durch unser Beispiel.

Johann Gottlieb Fichte

Nicht für das Leben,
für die Schule lernen wir.

Lucius Annaeus Seneca

Nicht für die Schule,
für das Leben lernen wir.

Spruchweisheit

Aufgabe der Schule ist es nicht,
die Wissenschaft beizubringen,
sondern die Achtung und die Idee
der Wissenschaft beizubringen.

Leo N. Tolstoi

Die Schule sei keine Tretmühle,
sondern ein heiterer Tummelplatz
des Geistes.

Johann Amos Comenius

Trüge gern noch länger
des Lehrers Bürden,
wenn Schüler nur nicht
gleich Lehrer würden.

Johann Wolfgang von Goethe

Sobald man in einer Sache
Meister geworden ist,
sollte man in einer neuen
Schüler werden.

Gerhart Hauptmann

Kläglich ist der Schüler, der seinen Meister nicht übertrifft.

Leonardo da Vinci

Der echte Schüler lernt aus dem Bekannten das Unbekannte entwickeln und nähert sich dem Meister.

Johann Wolfgang von Goethe

Es gibt keinen Menschen
auf der Welt, von dem man
nicht etwas lernen könnte.

Albert Schweitzer

Das Geheimnis der
Erziehungskunst
ist der Respekt vor dem
Schüler.

Ralph Waldo Emerson

Einem Krebs können
wir nicht beibringen
gerade zu gehen.

Aristophanes

Einem anderen Menschen seine schiefen und verwachsenen Gedanken orthopädisch gerade zu rücken ist eine wahre Hundearbeit.

Theodor Fontane

Der Schüler sieht den Lehrer nur als Zuchtmeister und als Geißel der Kindheit an.

Jean-Jacques Rousseau

Also lautet ein Beschluss,
dass der Mensch was lernen muss.
Nicht allein das ABC
bringt den Menschen in die Höh;
nicht allein in Schreiben, Lesen
übt sich ein vernünftig Wesen;
nicht allein in Rechnungssachen
soll der Mensch sich Mühe machen,
sondern auch der Weisheit Lehren
muss man mit Vergnügen hören.

Wilhelm Busch

Wer seine Schüler das ABC gelehrt,
hat eine größere Tat vollbracht
als der Feldherr, der eine Schlacht
geschlagen hat.

Gottfried Wilhelm Leibniz

Der Schüler

hält seine Arbeit für schwer,
doch sie bedeutet nur
Wagen zu sein, wo der Lehrer
Pferd sein muss.

August Strindberg

Zum Erzieher
muss man eigentlich
geboren sein
wie zum Künstler.

Karl Julius Weber

Man merkt leider immer zu spät,
dass die Menschen nicht belehrt,
sondern unterhalten sein wollen.

Emil Gött

Die größte Kunst ist,
den Kindern alles,
was sie tun oder lernen sollen,
zum Spiel zu machen.

John Locke

Lernen kann man stets nur
von jenem, der seine Sache liebt,
nicht von dem, der sie ablehnt.

Max Brod

Der geborene Lehrer

Nur der ist ein geborener Lehrer,
der die Begeisterung seiner Schüler
erwecken kann.

Ernst Hähnel

Arbeit

Die Arbeit, die tüchtige, intensive Arbeit, die einen ganz in Anspruch nimmt mit Hirn und Nerven, ist doch der größte Genuss im Leben.

Rosa Luxemburg

Den wirklichen Wert
eines Menschen
misst man an der Arbeit,
der er nachgeht.

Marc Aurel

Ein Kind bilden
ist die erlesenste Aufgabe, die
nur irgendjemand haben kann.

Peter Hille